Mensajes para creyentes nuevos

8

WATCHMAN NEE

La confesión

Living Stream Ministry
Anaheim, California

Primera edición: noviembre de 1997.

ISBN 0-7363-0049-X

Traducido del inglés
Título original: *Confession with the Mouth*
(Spanish Translation)

Publicado por

Living Stream Ministry
1853 W. Ball Road, Anaheim, CA 92804 U.S.A.
P. O. Box 2121, Anaheim, CA 92814 U.S.A.

Impreso en los Estados Unidos de América

97 98 99 00 01 02 / 9 8 7 6 5 4 3 2 1

LA CONFESION

Lectura bíblica: Ro. 10:10; Pr. 29:25; Mt. 10:32-33

I. LA IMPORTANCIA DE LA CONFESION

Cuando una persona ha creído en el Señor, no lo debe mantener en secreto, tiene que confesar al Señor con su boca. Confesar al Señor con la boca es de suma importancia.

A. Confesar con la boca al creer

Tan pronto como una persona cree en el Señor, debe confesar al Señor ante los hombres. Supongamos que una mujer da a luz un hijo. ¿Qué pensaríamos si el niño todavía no habla después de tres años? ¿Diríamos que quizás es lento para hablar? ¿Sería posible que una persona comenzara a contar a los treinta años de edad y empezara a decir "papá" y "mamá" a los cincuenta años? No, si una persona es muda desde su infancia, probablemente lo seguirá siendo por el resto de su vida, y si no puede decir "papá" o "mamá" cuando es joven, tampoco podrá cuando sea viejo. De la misma manera, si un recién convertido no confiesa al Señor inmediatamente después de creer en El, me temo que no lo hará por el resto de su vida. Si no pudo hablar cuando era joven, probablemente tampoco lo hará cuando sea viejo.

Muchos han sido cristianos por diez o veinte años y todavía permanecen mudos. Esto se debe a que no abrieron sus bocas en la primera o la segunda semana de su vida cristiana. Estos continuarán siendo mudos hasta que mueran. Confesar a nuestro Señor comienza en el mismo instante en que la persona cree. Si usted abre su boca el día que cree en el Señor, el camino a la confesión se abrirá para usted. Si una persona no confiesa al Señor en las primeras semanas, o los primeros meses, o los primeros años, lo más probable es que no lo haga por el resto de su vida. Por lo tanto, tan pronto como una persona cree en el Señor, debe esforzarse y hablar de El a otros, aunque le sea difícil y no le agrade hacerlo. Debe hablar a sus familiares y amigos. Si no aprende a hablar sin inhibición, me temo que en cuanto a Dios, será un mudo por el resto de su vida. No queremos que los creyentes sean mudos. Por esta razón desde el primer momento debemos aprender a abrir nuestra boca. Si una persona no lo hace al principio, mucho menos lo hará más tarde. A menos que Dios les conceda especial misericordia, o haya algún avivamiento, estas personas jamás abrirán sus bocas. Si no confiesan desde el comienzo les será muy difícil hacerlo más tarde. El recién convertido debe buscar la oportunidad de confesar al Señor ante los hombres, porque tal confesión produce mucho fruto. Esto es un asunto de vital importancia.

B. Con la boca se confiesa para salvación

En Romanos 10:10 dice: "Porque con el corazón se cree para justicia, y con la boca se confiesa para salvación". Uno cree para justicia, ante Dios, y confiesa con la boca para salvación, ante los hombres. Si usted ha creído, lo ha hecho ante Dios, nadie lo puede ver. Si usted ha creído sinceramente, ha sido justificado ante Dios, pero si sólo cree en su corazón y no lo confiesa con su boca, nadie podrá saber que usted ha sido salvo, y lo seguirán considerando un incrédulo, sin ver ninguna diferencia entre ellos y usted. Por esta razón, la Biblia hace énfasis en la necesidad de confesar con la boca además de creer con el corazón. Debemos confesar de modo evidente.

El nuevo creyente debe buscar oportunidades para confesar al Señor. A los compañeros de clase y de trabajo, a los amigos, a los familiares y a todos aquellos con quienes tenga contacto, tan pronto se presente la oportunidad, les debe decir: "¡He creído en el Señor Jesús!" Cuanto más pronto abramos nuestra boca, mejor, porque una vez que lo hagamos, los demás reconocerán que hemos creído en el Señor Jesús. De esta manera nos libraremos de la compañía de los incrédulos.

He visto que muchas personas no se deciden a aceptar al Señor, pero una vez que se levantan y proclaman: "¡Creo en el Señor Jesús!", adquieren seguridad. Lo peor que le puede suceder a un cristiano es quedarse con la boca cerrada. Si habla, habrá dado un paso hacia adelante y adquirirá más seguridad. Muchos creyentes dudan al principio, pero tan pronto proclaman: "Yo creo", adquieren seguridad.

C. La confesión nos evita problemas

Es de gran beneficio confesar con la boca después de creer con el corazón en el Señor, porque esto lo librará de muchos problemas.

Supongamos que usted no abre su boca, pero dice mentalmente: "He decidido seguir al Señor Jesús, ahora yo soy de El". Los demás lo seguirán considerando igual a ellos. Así que cuando pecan o se ven involucrados en concupiscencias, piensan que usted está del lado de ellos. Usted sabe en su corazón que es cristiano y que no está bien andar con ellos, pero no puede rechazarlos porque no quiere disgustarlos. Al principio inventa pretextos para no aceptar sus invitaciones, pero la presión de ellos continúa y tiene que pensar en una nueva excusa o quizás dos más para no ir con ellos. ¿Por qué no decir desde un principio que usted es creyente? Todo lo que tiene que hacer es confesar una o dos veces para que dejen de molestarlo.

Si usted no confiesa públicamente, es decir, si es un cristiano secreto, será más difícil para usted que para los que son cristianos abiertamente, ya que las tentaciones serán mucho más fuertes para usted que para los otros cristianos que confiesan al Señor. Debido a que está ligado por muchos afectos humanos y antiguas amistades, no puede excusarse siempre diciendo que tiene dolor de cabeza, o que está ocupado. Como no puede usar las mismas excusas por mucho tiempo, es mejor que declare desde el primer día: "He creído en el Señor Jesús y lo he recibido en mi corazón". Una vez que usted haga saber esto a sus compañeros de clase y de trabajo, a sus amigos y familiares, ellos sabrán que usted no es como ellos, y eso le ahorrará muchos problemas; de lo contrario, usted se encontrará con muchos obstáculos. Confesar al Señor evita muchas contrariedades.

D. No confesar al Señor hace que la conciencia lo acuse

Existe un problema muy serio para la persona que no confiesa al Señor con la boca. Muchos creyentes del Señor lo experimentaron cuando El estuvo en la tierra.

Los judíos rechazaron al Señor Jesús y se le opusieron vehementemente. En Juan 9, vemos el acuerdo al cual ellos llegaron: "Si alguno confiesa que Jesús es el Cristo, sea expulsado de la sinagoga" (v. 22). En el capítulo doce la Biblia dice que muchos gobernantes judíos creyeron en el Señor Jesús secretamente, pero no se atrevían a confesarlo porque temían ser expulsados de la sinagoga (v. 42). ¿Cree usted que estas personas tenían paz en sus corazones? Quizás se sentirían incómodos cuando confesaban al Señor Jesús, pero se sentían aún más incómodos al no confesarlo. ¿Qué clase de lugar era la sinagoga? Era el lugar en donde la gente se oponía, planeaba, discutía y conspiraba contra el Señor, y en donde buscaban la manera de sorprenderlo en alguna falta. Estas eran las cosas sombrías que se hacían en la sinagoga. ¿Qué debe hacer el creyente genuino que está entre tales personas? ¿Cuánta fuerza de voluntad se requiere para poder mantener la boca cerrada? En tal ambiente es muy difícil que alguien confiese al Señor con su boca, pero es mucho más difícil no hacerlo.

La sinagoga judía es un cuadro de la manera en que el mundo se opone al Señor. El mundo siempre ha criticado al Señor Jesús y siempre ha considerado a Jesús de Nazaret un verdadero problema. El mundo siempre habla contra el Señor. Si usted estuviera en medio de ellos, ¿podría oír a esta gente y aún así pretender ser como ellos? Fingir no es sólo doloroso, sino que también difícil, ya que uno debe tener mucha fuerza de voluntad para controlarse y refrenarse. Si estuviera en esas circunstancias algo dentro de usted querría gritar: "¡Este hombre es el Hijo de Dios y yo creo en El!" ¿Acaso no hay algo en usted que desea proclamar: "Este hombre es mi Salvador y yo creo en El", o "Este hombre me puede librar de mis pecados y aunque usted no crea en El, yo sí". ¿No hay acaso algo dentro de usted que desea hacer tal declaración?

¿Va usted a seguir callando simplemente porque desea el respeto y la posición que el hombre da? Habría sido mejor para los gobernantes judíos, mencionados en el capítulo doce, que los expulsaran de la sinagoga. Si hubieran confesado al Señor se habrían sentido mucho mejor. Si usted no es un verdadero creyente, no le importará mucho si lo confiesa, pero si es un creyente genuino, se sentirá muy mal en su conciencia si se hace parte de los que se oponen al Señor. Cuando hay alguien que se opone al Señor, usted no siente paz en su corazón; pero aún así, dice a regañadientes: "¡Eso que usted dice es muy interesante!". ¿No es esto terrible y doloroso?

No hay nada más doloroso que negarse a confesar al Señor ante los hombres. A mí no me gustaría estar en el lugar de aquellos gobernantes judíos, porque el sufrimiento que ellos experimentaron fue sin duda muy grande. Si usted no es creyente, no tenemos nada que decirle, pero si usted ha creído, lo mejor que puede hacer y lo que más gozo le traerá es salirse de la sinagoga. Puede ser que usted piense en los muchos obstáculos, pero por experiencia sabe que éstos serán cada vez más grandes, y que su corazón sufrirá más.

Supongamos que usted oye una calumnia contra sus padres y escucha callado sin hacer nada, o peor aún, pretende estar de acuerdo con ellos. Si usted hace tal cosa, ¿qué clase de persona es usted? Nuestro Señor dio Su vida para salvarnos, ¿cómo podemos ser tan cobardes para no hablar? Debemos ser osados y proclamar: "¡Yo pertenezco al Señor!"

II. ERRORES COMUNES

A. Reemplazar la confesión con un buen comportamiento

Muchos creyentes nuevos son influidos por las enseñanzas tradicionales y piensan que portarse bien es más importante para un cristiano que confesar con la boca. Piensan que un cambio en lo que uno dice no es tan importante, como un cambio en lo que uno hace. Debemos hacer a un lado este concepto, el cual es totalmente equivocado. Con esto no estamos diciendo que no es necesario cambiar nuestra conducta, porque si nuestra conducta no cambia, es inútil confesar con la boca. Pero cambiar nuestra manera de ser sin confesar con la boca es igualmente vano. Un cambio de conducta jamás reemplazará la confesión, porque aun cuando la conducta haya cambiado, de todos modos es necesario confesar públicamente.

El nuevo creyente debe buscar la oportunidad de hablar sobre su fe en el Señor Jesús. Si usted no confiesa con la boca, hará que se formen conjeturas sobre usted y se especule sobre su comportamiento. Se dirán muchas cosas acerca de usted, pero no mencionarán al Señor Jesús; así que es mejor que les diga por qué en su conducta hay tal cambio, ya que una buena conducta jamás reemplazará la confesión verbal. Es importante tener una buena conducta, pero también lo es confesar con la boca. Por lo tanto, usted debe confesar: "Jesús es mi Señor y deseo servirle". Estas palabras deben salir de su boca, aunque su conducta sea muy buena.

Hemos oído a mucha gente decir que no hay necesidad de decir nada si se tiene una buena conducta. Recuerden que nadie critica a aquellos que dicen esto ni aun cuando su conducta no es tan buena, pero si dice que es cristiano, inmediatamente los demás lo critican y lo censuran cuando comete alguna falta. Así que aquellos que dicen que es suficiente con tener una buena conducta y que no es necesario confesar con la boca, en realidad están dando una excusa para portarse mal, a la vez que dejan una puerta abierta para escapar de las críticas. No crean que es suficiente tener un cambio de conducta; es absolutamente indispensable confesar con la boca.

B. El temor de no perseverar hasta el final

Algunas personas piensan de esta manera: "Si confieso con mi boca y luego no persevero en mi convicción cristiana, ¿no será esto motivo de burla? Supongamos que después de tres o cinco años dejo de ser cristiano, ¿qué pasará entonces? Es mejor no decir nada ahora y esperar que pasen algunos años hasta que esté seguro". Quisiera decirles a estas personas que si no confiesan su fe por temor de caer o fracasar, muy posiblemente lo harán, porque ya han abierto una puerta. Se han estado preparando para respaldar lo que dicen esperando estar seguros de lo que piensan antes de confesar. Este tipo de personas caen. Es mejor ponerse firme y decir: "¡Yo soy del Señor!" Si usted mismo se cierra la puerta de escape, le será mucho más difícil retroceder más tarde. Es mejor proseguir que retroceder, y es la única manera de avanzar.

Si usted espera portarse bien para entonces confesar, su boca jamás se abrirá; estará mudo para siempre aunque tenga una buena conducta. Si usted no abre su boca desde un principio, más tarde le será mucho más difícil. Si usted confiesa su fe, la posibilidad de tener una buena conducta se incrementará, pero si espera confesar hasta que su conducta mejore, perderá no sólo la oportunidad de abrir su boca, sino también de tener una buena conducta.

Es reconfortante saber que Dios no sólo nos redime, sino que también nos preserva. ¿Con qué podemos comparar la redención? La redención es la adquisición de algo. Pero ¿qué significa entonces conservar? Conservar es retener lo adquirido. ¿Quién compra algún artículo pensando en tirarlo? Cuando compramos un reloj, lo hacemos pensando usarlo por lo menos cinco o diez años; no planeamos tirarlo. Dios salva personas por todo el mundo, pero no las salva para tirarlas. El quiere conservar lo que ha salvado. Puesto que Dios nos salvó, El nos guardará hasta aquel día. Dios nos ama tanto que envió a Su Hijo para redimirnos. Si El no hubiera tenido la intención de preservarnos, no habría pagado tan alto precio. El plan y propósito de Dios es guardarnos, así que no tengan temor de erguirse y decir: "¡Creo en el Señor!" Posiblemente se pregunte: "¿Qué pasará si cometo una falta a los pocos días?" No se preocupe. Dios está al tanto de esto, así que mejor párese y diga: "¡Yo pertenezco a Dios!" Comprométase con El. Dios sabe que usted necesita apoyo, cuidado y protección. Tenemos la seguridad de afirmar que Dios preserva la salvación del hombre. Esta protección hace que la redención tenga significado.

C. Temor del hombre

Algunas personas no se atreven a confesar porque tienen temor de los hombres. Muchos dicen con sinceridad que están dispuestos a ponerse de pie y confesar, pero cuando ven los rostros de las personas, les da temor, o cuando ven las caras de sus padres o amigos, no pueden hablar. Es aquí donde muchas personas tropiezan, porque sienten temor de los hombres y no se atreven a abrir la boca. Algunas personas son tímidas por naturaleza, no sólo en el asunto de confesar al Señor, sino también en otras cosas. Pedirles que hablen sobre su fe es demasiado para ellos y sencillamente no pueden.

No obstante, una clase de persona así necesita oír lo que Dios dice al respecto. Proverbios 29:25 dice: "El temor del hombre pondrá lazo". Si usted tiene temor de hablar frente a la gente, caerá en un "lazo", porque su temor se vuelve una trampa. Cada vez que su corazón siente temor de los hombres, usted se está enredando en su propio lazo, en cual caerá porque éste ha sido creado por su propio temor. Posiblemente la persona a la que usted teme, está dispuesta a escucharle, y aun si no quiere oír, posiblemente no sea tan terrible como usted piensa.

Se cuenta de dos compañeros de trabajo que eran muy tímidos. Uno de ellos llegó a ser creyente, pero no se atrevía a decirle a su colega incrédulo que había sido salvo. El incrédulo estaba muy intrigado por el gran cambio que se había operado en su compañero, porque éste antes era muy iracundo, pero ahora había cambiado; sin embargo, no se atrevía a preguntarle. Todos los días se reunían, compartían la mesa y se sentaban frente a frente; uno no se atrevía a hablar, y el otro era demasiado tímido para preguntar. Un día el creyente no pudo aguantar más, oró, y luego aproximándose a su colega, le estrechó la mano fuertemente y le dijo: "Soy muy tímido, pero hace tres meses que quiero decirte algo: He creído en el Señor Jesús". Cuando dijo esto, su rostro palideció. El otro respondió: "Yo también desde hace tres meses he querido preguntarte a que se debe tu cambio pero no me atrevía a hacerlo". Al oír esto, el creyente se sintió motivado a seguir hablando y pudo traer a su amigo a la salvación. Los creyentes que tengan temor de los hombres caerán. Recuerde que si teme a alguien, posiblemente él también le tema a usted. Si seguimos a Dios, no hay razón de temer. Quien teme no es un buen cristiano ni puede servir al Señor. El cristiano debe confesar al Señor ante sus familiares y amigos, en privado y en público. Debemos hacer esto desde el principio.

D. La timidez

Algunas personas son tímidas y se avergüenzan de ser cristianas. Esta vergüenza puede presentarse cuando se encuentran con incrédulos. Si usted dice que está involucrado en alguna investigación técnica, le felicitarán por tener un futuro tan maravilloso, y si dice que está estudiando filosofía, dirán que usted es una persona muy inteligente. A usted no le avergüenza hablar de estas cosas. Sin embargo si dice que es cristiano, piensan que usted es una persona muy simple, sin ningún intelecto, y no lo tendrán en mucha estima. Hablar sobre otros temas no le da vergüenza, pero sí hablar de su fe cristiana. Es inevitable que un nuevo creyente sienta vergüenza cuando confiesa su fe; pero debe vencer este sentimiento. El mundo se siente avergonzado de un cristiano que declara su fe; por tanto, debemos vencer este sentimiento.

¿Cómo podemos vencer esta sensación de vergüenza? Podemos hacerlo desde dos ángulos distintos:

Por un lado, debemos darnos cuenta de que cuando el Señor Jesús fue crucificado, El llevó nuestros pecados y también nuestra vergüenza. Cuando el Señor llevó nuestros pecados, sufrió una gran humillación. A los ojos de Dios, nosotros también sufrimos esa humillación ante los hombres, pero jamás se puede comparar con la que nuestro Señor sufrió por nosotros en la cruz. Por lo tanto, no nos debe sorprender si somos humillados; debemos entender que pertenecemos al Señor.

Por otra parte, según un himno que dice así: "¡Nuestra timidez es como el cielo de una mañana que repudia al sol! Pero el Señor irradia la divina luz que ilumina nuestra conciencia, la cual es tan oscura como la noche". Si el Señor, ha sido benevolente con nosotros y nos ha redimido, sentir vergüenza cuando confesamos que creemos en El es como si la aurora se avergonzara de la iluminación del sol. Hemos hallado gracia en el Señor; El nos ha redimido, nos ha guardado y nos llevará a los cielos. Sin embargo, ¡consideramos una vergüenza confesar nuestra fe en El! Si esto es una vergüenza, ¡entonces toda la gracia que hemos recibido debe ser una vergüenza y debemos negarla! El Señor ha hecho mucho por nosotros, ¿cómo es posible que nos avergoncemos de confesarlo?

Debemos avergonzarnos por cosas como: juergas, borracheras, libertinaje, pecados, obras de las tinieblas y obras del maligno. El Señor nos ha librado de todo esto, y nos debemos sentir en la gloria. ¿Cómo entonces podemos sentir vergüenza? No nos debe dar vergüenza confesar al Señor, porque es ¡glorioso y gozoso confesar Su nombre! Nosotros nunca pereceremos, y jamás seremos condenados ni juzgados por Dios; nunca nos apartaremos de Su glorioso rostro. ¡Somos aquellos que siguen al Cordero por dondequiera que va! (Ap. 14:4) No debemos permitir que la gente siembre la semilla de vergüenza en nosotros. Debemos levantarnos osadamente y decir que pertenecemos a Dios. ¡Gloriémonos y regocijémonos en El!

Pedro, era por naturaleza una persona de una voluntad férrea. El procuraba distinguirse entre los discípulos y ser el primero en todo. Pero un día negó al Señor por estar lleno de temor. Cuando fue interrogado, tuvo temor. En términos humanos, Pedro era un "héroe" y un líder nato entre los discípulos, pero sintió temor y maldijo cuando le dijeron: "Este hombre estaba con Jesús, el nazareno". ¡Qué pena! Aquellos que no quieren confesar al Señor dan pena. Lo que Pedro hizo fue muy bajo; fue una verdadera vileza que negara al Señor (Mt. 26:69-75).

Aquellos que son demasiado tímidos y no abren sus bocas, están llenos de vergüenza. Los que tienen nobleza confiesan su fidelidad a Jesús de Nazaret aun cuando están a punto de ser quemados en la hoguera o arrojados al mar. Pueden ser azotados, quemados vivos o echados en un foso de leones; sin embargo, proclaman: "¡Yo pertenezco a Jesús el nazareno!" ¡Esto es lo más glorioso del universo! Aquellos que no confiesan al Señor dan lástima. Estos incluso ¡se avergüenzan de sí mismos! No hay nada más vergonzoso que una persona que se desprecia a sí misma y se avergüence de lo que hace.

Por lo tanto, no debemos tener ni temor ni vergüenza. Todos aquellos que siguen al Señor deben confesar osadamente que creen en El. Si la luz, la santidad, la espiritualidad y seguir al Señor es una deshonra; y la oscuridad, el pecado, la carnalidad y seguir al hombre traen gloria, entonces debemos escoger la deshonra. Prefiramos sufrir el vituperio de Cristo, como Moisés sufrió, ya que la humillación es mucho más gloriosa que la gloria de los hombres (He. 11:26).

E. El amor a la gloria de los hombres

¿Por qué los gobernantes en Juan 12 no confesaron al Señor? Porque amaban más la gloria de los hombres que la gloria de Dios. Muchas personas no se atreven a confesar su fe porque desean a Cristo y también la sinagoga. Creen, por eso desean a Cristo; pero no lo confiesan porque también desean quedarse en la sinagoga. Si una persona desea ambas cosas, no será fiel en ninguna de ellas.

Si usted desea servir al Señor, debe decidirse por el Señor y si no, por la sinagoga; de lo contrario jamás será un buen cristiano. Debe tomar la decisión de escoger al Señor o a los hombres. Los gobernantes tenían temor de perder el favor de los hombres. Temían que si confesaban al Señor, serían expulsados de la sinagoga. El que escoge al Señor, de una manera incondicional, no teme ser expulsado de ahí.

Si la gente no lo persigue después de que usted ha creído en el Señor, debe decir: "¡Señor, gracias!" y si lo persiguen después de confesar al Señor, también debe decir "¡Señor, gracias!" ¿Qué hay de particular en esto? Nosotros no podemos ser como aquellos gobernantes que, por su amor a la sinagoga, no quisieron confesar su fe en el Señor Jesús. Si todos los creyentes fueran como ellos, no existiría hoy la iglesia. Si Pedro hubiera regresado a su casa y se hubiera quedado callado después de haber creído en el Señor, y si Pablo, Lucas, Darby y todos los demás hubieran guardado silencio después de creer, y si todos los que están en la iglesia se hubieran quedado callados y no se hubieran atrevido a confesar al

Señor, por supuesto, no habrían tenido muchos problemas, ¡pero la iglesia no existiría hoy!

Una de las característica de la iglesia es que se atreve a creer en el Señor, y otra es que se atreve a confesar su fe en El. Ser salvo no significa simplemente creer en el Señor Jesús, sino creer y confesar que uno es creyente. La confesión es muy importante. La fe cristiana no sólo se manifiesta en la conducta, sino también en las palabras. La boca debe confesar: "¡Yo soy cristiano!" No es suficiente que un cristiano tenga una buena conducta; él debe confesar con su boca. Si no existiera la boca, tampoco existiría la cristiandad. La Escritura es muy clara: "Con el corazón se cree para justicia, y con la boca se confiesa para salvación". El cristiano cree con el corazón, y lo confiesa con la boca.

III. NUESTRA CONFESION Y LA CONFESION DEL SEÑOR

El Señor dijo: "Pues a todo el que en Mí confiese delante de los hombres, Yo en él también confesaré delante de Mi Padre que está en los cielos" (Mt. 10:32). Agradecemos al Señor porque si lo confesamos a El hoy, en aquel día El también nos confesará a nosotros. El Señor también dijo: "Pero a cualquiera que me niegue delante de los hombres, Yo también le negaré delante de Mi Padre que está en los cielos" (v. 33). "Mas el que me niegue delante de los hombres, será negado delante de los ángeles de Dios" (Lc. 12:9) ¡Qué contraste! Todo lo que tenemos que hacer es confesar que el Señor excelente, el caudillo entre millares, es el Hijo de Dios, y entonces El nos confesará delante del Padre celestial y de los ángeles de Dios. Si usted piensa que es difícil confesar al Señor ante los hombres, para el Señor también será difícil confesarlo a usted cuando descienda con la gloria del Padre. No debemos evitar confesar al Señor por temor a los hombres (Is. 51:12) Si hoy es difícil para nosotros confesar a Jesucristo, El Hijo del Dios viviente, en aquel día, cuando El regrese, le será difícil a El confesarnos ante Su Padre y ante todos los ángeles gloriosos. ¡Esto es algo muy serio!

En realidad, no es difícil confesar al Señor, especialmente si comparamos nuestra confesión con la Suya. Es muy difícil que El nos confiese a nosotros porque somos los hijos pródigos que recién regresamos a casa, y no hay nada bueno en nosotros, pero El nos confesará en el futuro. ¡Confesemos ante los hombres hoy nuestra fe en El!

Quiera Dios que desde el principio los recién convertidos no se avergüencen de confesar al Señor. No seamos cristianos secretos.